AF371047

CHAMBRE DE COMMERCE INTERNATIONALE

CONGRÈS D'AMSTERDAM, 1929.

RAPPORT

de la

COMMISSION D'ÉTUDES COMPARÉES DES ENTREPRISES PUBLIQUES ET PRIVÉES

par

MM. Gino Borgatta,
G. Brecht,
E. Holland Martin,
Louis Pommery,
Robert Sand.

Membres du Comité de Rédaction.

SECRÉTARIAT GÉNÉRAL
38, Cours Albert Ier, 38
PARIS (VIIIe)

TABLE DES MATIÈRES

1. — ORIGINE, BUT, MÉTHODES ET VALEUR
DE L'ENQUÊTE
DE LA CHAMBRE DE COMMERCE INTERNATIONALE

Au cours de l'année dernière, la Chambre de Commerce Internationale a, sur la proposition de son Président, procédé à une vaste enquête en vue de comparer la situation et les résultats des entreprises publiques et des entreprises privées dans les différents pays.

Le problème de la préférence à donner, du point de vue économique, à la gestion publique ou à la gestion privée n'est certes pas un problème nouveau. Mais on ne peut contester qu'il reste pleinement actuel. Au cours de la guerre et des années qui l'ont immédiatement suivie, la gestion publique a été étendue à de nombreux domaines entièrement réservés jusqu'alors à l'initiative privée. Depuis cinq ou six ans, l'activité économique des pouvoirs publics est, il est vrai, revenue à des limites plus modestes. Néanmoins, les tendances étatistes restent très fortes et très certainement le mouvement né de la guerre n'a pas été sans laisser des traces durables. D'autre part, ce mouvement a constitué une vaste expérience dont il est peut-être possible de dégager des enseignements. Une enquête internationale et positive comme celle que pouvait mener la Chambre de Commerce Internationale présentait donc un intérêt tout particulier.

Cette enquête comportait du reste des limites nécessaires. Il est, en effet, dans la vie moderne, une série de domaines tels que la défense nationale, la justice, la sécurité publique, l'administration de l'Etat, qui appartiennent en propre à l'autorité publique. Ces domaines devaient être tout naturellement exclus de l'enquête de la Chambre.

Il y a, au contraire, des domaines où, en dépit de l'intervention de facteurs politiques ou autres, les considérations économiques ne peuvent être négligées et sont même parfois «déterminantes». Certaines entreprises telles que les monopoles fiscaux, les services publics de transport ou d'éclairage, ont une structure économique incontestable ; le fait que leurs fins peuvent être extra-économiques ne devait pas empêcher de les étudier du point de vue économique, c'est-à-dire du point de vue dont l'enquête de la Chambre ne devait pas s'écarter.

Ainsi délimitée, l'enquête se proposait de rendre compte des résultats comparés des entreprises privées et des entreprises publiques, étant entendu ici par entreprises publiques toutes les entreprises de caractère économique dont la gestion est assurée par une administration publique (Etat, province, commune), qu'il s'agisse d'entreprises industrielles, de transport, financières ou commerciales ayant ou non un monopole. A cet effet un questionnaire fut établi et sur la base ainsi fixée, chaque Comité National fut invité à fournir un rapport.

L'enquête souleva un vif intérêt qui prouve combien elle était opportune. De très nombreux Comités Nationaux adressèrent des rapports importants et très complets, contenant sur la question une documentation considérable et de premier ordre. Cette documentation fut analysée par le Professeur BORGATTA dans un rapport qui fut soumis au Comité Central d'Etudes Comparées des Entreprises Publiques et Privées. Celui-ci l'examina dans sa session des 21 et 22 mai 1929 et décida, après avoir rendu hommage au travail du Professeur BORGATTA, de demander à un Comité de Rédaction de préparer, à l'intention du Congrès d'Amsterdam, un rapport plus concis et qui tiendrait compte des discussions du Comité. Tel est l'objet du présent rapport dont les auteurs regrettent et s'excusent d'avoir dû résumer si brièvement tant de travaux d'un si vif intérêt.

2. — LA GESTION PUBLIQUE DANS L'ÉTAT ACTUEL DU DÉVELOPPEMENT ÉCONOMIQUE

Nous avons dit déjà que la guerre avait déterminé l'extension, à de nouveaux domaines, de la gestion publique. Dès avant la guerre, des considérations politiques, sociales, financières, avaient amené les pouvoirs publics, dans de nombreux pays, à exploiter certaines entreprises économiques (chemin de fer, télégraphe, téléphone, tramways, eau, gaz, électricité, etc.). Plus rare était l'intervention de l'autorité dans les domaines librement ouverts à la concurrence (divers Etats toutefois possédaient des mines et des usines de transformation), mais il arrivait que la concurrence fût supprimée par l'institution de monopoles de caractère fiscal. Au total, l'activité économique des pouvoirs publics était loin d'être négligeable. Cependant, elle restait limitée par rapport à l'activité privée qui tenait de très loin la première place dans le domaine de la production et des échanges.

La guerre vint modifier cet état de choses. Tout le temps que durèrent les hostilités, l'autorité publique ne cessa d'intervenir dans les domaines les plus divers, taxant les prix, les salaires, réquisitionnant les marchandises, réglementant les importations, les exportations, le change, se substituant à l'initiative privée pour approvisionner la population de denrées alimentaires, établissant de nouveaux monopoles, entreprenant de nouvelles fabrications, effectuant des transports maritimes. Des considérations impérieuses de salut public pouvaient alors justifier toutes ces initiatives.

La défense nationale avait certes le pas sur toutes les préoccupations d'ordre économique.

L'extension exceptionnelle de l'activité économique de l'Etat ou des autres administrations ne cessa pas, toutefois, aussitôt la guerre finie.

Beaucoup de facteurs agissaient pour empêcher la vie économique de reprendre ses normes d'avant-guerre. La résistance des administrations nouvelles, les difficultés de l'après-guerre, les tendances politiques et sociales qui dominaient dans de nombreux pays, tout poussait l'autorité publique à conserver des fonctions dont les circonstances de guerre l'avaient amenée à se charger.

Cependant, à partir de 1921, une réaction se produisit. Petit à petit, les réglementations du temps de guerre avaient été supprimées. Le rôle du commerce privé redevenait prédominant, tandis que la gestion publique était fréquemment l'objet de vives critiques, faute de pouvoir donner satisfaction aux consommateurs. Les préoccupations financières vinrent bientôt s'ajouter aux considérations économiques. Beaucoup d'entreprises publiques étaient déficitaires et il en résultait, pour les administrations dont elles dépendaient, des charges d'autant plus lourdes que les finances de ces dernières étaient gravement obérées. Dès lors, une tendance très nette allait être enregistrée dans la plupart des pays, en faveur de la séparation de l'administration proprement dite et de la gestion économique, soit par le moyen de formules d'organisation assurant l'indépendance au moins relative des entreprises publiques, soit même parfois par la remise de ces entreprises à l'industrie privée.

Au total, cependant, il semble que la gestion publique se soit étendue depuis la guerre. Dans divers pays, il subsiste, aujourd'hui encore, des entreprises publiques dont la création remonte à la guerre et s'explique par les circonstances qui prévalaient alors. On peut citer ici l'exemple des entreprises créées en Allemagne durant la guerre et qui ont formé en 1923 le *Vereinigte Industrieunternehmungen A. G.* dont le capital est entre les mains du Reich. Les modifications territoriales qu'a entraînées la guerre ont eu aussi pour conséquence la création de nouvelles entreprises publiques (les mines de potasse d'Alsace, en France par exemple). Par ailleurs, certains monopoles fiscaux ou commerciaux ont été créés et subsistent. La crise du logement a également, en de nombreux pays, déterminé les pouvoirs publics à intervenir en construisant des maisons d'habitation sur une beaucoup plus grande échelle que par le passé. Certains développements de la législation sociale ont enfin amené une extension de la gestion publique en matière d'assurance et par suite en matière financière (administration des réserves, etc.).

La part que prend l'entreprise publique dans la production et les échanges n'en reste pas moins limitée et très inférieure à celle de l'entreprise privée. Les principaux champs d'activité de l'entreprise publique sont la gestion des domaines nationaux (lesquels ne tendent généralement pas à augmenter), les grands services publics (transports, postes, télégraphes, téléphones, eau, gaz, électricité) et, occasionnellement seulement, certaines branches d'industrie (mines, poudres, explosifs, engrais, industries diverses de transformation), de commerces (monopoles fiscaux ou plus rarement commerciaux), de banques (caisses d'épargne, banques publiques) ou d'assurances. Les rapports des Comités Nationaux fournissent sur les exploitations publiques de ces diverses catégories la plus précieuse documentation dont, malheureusement, les rédacteurs du présent rapport ne peuvent faire état, en raison même de son importance. On retiendra seulement ici que si la gestion publique est fréquente dans la plupart des pays, lorsqu'il s'agit de services publics qui se prêtent aisément au monopole, elle reste rare toutes les fois qu'il s'agit d'une branche d'activité ouverte à la libre concurrence. Mais, dans certains milieux, son extension à de nouveaux et nombreux domaines est fréquemment réclamée. D'où l'intérêt incontestable des observations qu'a permises l'enquête de la Chambre de Commerce Internationale.

3. — MÉTHODES ET RÉSULTATS COMPARÉS
DE LA GESTION PUBLIQUE
ET DE LA GESTION PRIVÉE DES ENTREPRISES

Il est malheureusement très difficile de faire des comparaisons précises entre les résultats obtenus par les entreprises publiques et ceux obtenus par les entreprises privées concurrentes ou similaires. Les conditions dans lesquelles les deux catégories d'entreprises exercent leur activité sont en effet le plus souvent profondément différentes ; des éléments nombreux et divers sont à prendre en considération.

Il arrive fréquemment, par exemple, que la substitution d'une entreprise publique à une entreprise privée se traduise par d'incontestables progrès ; c'est ainsi que le rapport du Comité National Suisse peut signaler que l'étatisation des cinq grands réseaux a entraîné, pour l'économie du pays, une amélioration sur l'état antérieur. De même, en Italie, le service des chemins de fer a été notablement amélioré après leur étatisation. D'autres cas pourraient être cités car, encore une fois, ils ne sont pas rares, mais il est nécessaire, ici, de tenir compte d'un certain nombre de facteurs. Tout d'abord, les progrès dont il est fait état portent généralement sur la manière dont le service est assuré, plutôt que sur les résultats financiers ; or, il arrive que ces progrès soient obtenus au prix de dépenses considérables, que des considérations d'intérêt général peuvent certainement justifier, mais que, bien évidemment, des entreprises privées, livrées à leurs propres forces, ne pouvaient supporter. D'autre part, et surtout, les améliorations résultent souvent de ce que, lors de la substitution d'une entreprise publique à une entreprise privée, des mesures ont été prises qui ont profondément modifié les conditions d'exploitation comme, par exemple, l'unification d'un réseau de chemins de fer précédemment exploité par plusieurs

Compagnies. C'est ce que fait remarquer le Comité National Suisse en indiquant qu'il ne saurait y avoir de juste comparaison entre l'exploitation privée et l'exploitation de l'Etat que si la Suisse avait jamais eu l'occasion d'éprouver le système des chemins de fer privés unifiés.

Il arrive aussi que l'entreprise publique, libérée des préoccupations financières qui s'imposent aux entreprises privées, puisse assurer aux usagers des avantages certains ; des quartiers, des régions sont, par exemple, desservis par des lignes de transport dont le rendement déficitaire n'est pas pris en considération. Des tarifs réduits sont consentis à certaines industries qui peuvent ainsi prendre un grand développement.

Le danger est qu'il est généralement impossible de chiffrer le coût d'avantages de ce genre, lesquels peuvent être en réalité très supérieurs au bénéfice que la collectivité en retire. Par ailleurs, il est fréquent que les résultats en soient, en fait, artificiels et que, par exemple, une industrie ne se développe qu'aux frais des contribuables, sans profit réel pour la nation. C'est ainsi que le Comité National Suédois signale le fait suivant :

« Il n'est pas douteux qu'une subvention de l'Etat, sous forme de tarif très réduit, a fait naître un certain nombre d'industries électro-chimiques et électro-thermiques qui n'eussent jamais pu prendre racine dans le pays, au moins dans les localités où elles se trouvent actuellement, si l'Etat avait fait application de principes commerciaux régulièrement sains. La meilleure preuve que les dirigeants des usines hydro-électriques de l'Etat se rendent compte eux-mêmes de la situation est que l'administration des forces hydrauliques a racheté, il y a quelques années, à un prix d'environ 12 millions de couronnes, un contrat de fourniture d'énergie consentie à un tarif extrêmement réduit et pour des livraisons à une industrie électro-thermique n'ayant plus de raison d'être après la fin de la guerre, en invoquant à l'appui du rachat que l'énergie ainsi libérée pouvait être placée ailleurs à un tarif infiniment plus élevé. Si l'Etat persistait dans cette voie et rachetait les contrats de toutes les industries qui ne supportent qu'avec peine les taxes actuelles et qui supporteraient encore moins un relèvement de tarifs, il y aurait lieu de prévoir, à cet effet, un capital s'élevant à plusieurs dizaines de millions. »

Il est bien certain que les pouvoirs publics ont le droit, et même parfois le devoir, de sacrifier, dans certains cas, l'équilibre financier des entreprises dont ils assument la gestion aux intérêts généraux du pays. Malheureusement, dans ce domaine, l'abus est facile et, en fait, fréquent, et l'on peut dire que l'intérêt général est plus aisément sauvegardé quand, le service public étant assuré par une entreprise privée, toute mesure tendant à rompre l'équilibre financier de l'exploitation doit faire l'objet de pourparlers entre les dirigeants de l'entreprise et l'autorité, et, éventuellement, d'un concours financier de celle-ci. Il est alors possible de chiffrer exactement le coût de ces mesures, tandis qu'il n'en est pas de même quand celles-ci sont prises par une administration publique qui peut faire appel au budget quand ses résultats sont insuffisants.

A ce propos, il est à remarquer que, sauf très rares exceptions, l'entreprise privée soumise à un contrôle plus ou moins étroit des pouvoirs publics peut être substituée à l'entreprise publique. Il n'est guère de services publics qui soient, dans tous les pays, assurés à la fois par des entreprises privées et par des entreprises publiques. Dans certains domaines pourtant, les pays européens ont tendance à recourir, dans la majorité des cas, à l'entreprise publique. Tout autre est la situation aux Etats-Unis où la plupart des services publics sont assurés par des entreprises privées. C'est le cas du télégraphe, du téléphone, des chemins de fer, ainsi que, presque toujours, des services municipaux de tramways, de gaz, d'électricité. Le rapport américain signale par exemple que la production d'énergie électrique est fournie à concurrence de 4,9 % par des entreprises publiques et à concurrence de 95,1 % par des entreprises privées. Pour le gaz, les proportions sont de 1,7 % et 98, 3%, pour les tramways de 1,2 % et 98,8 %. Il est à remarquer que l'utilisation de ces divers services a pris aux Etats-Unis un développement beaucoup plus considérable qu'en Europe. Là encore, la liberté économique n'a eu que des avantages.

Le fait qu'un service est assuré par une entreprise privée n'empêche nullement les pouvoirs publics de sauvegarder les intérêts généraux dont ils ont la charge ; c'est ainsi que leur intervention, en cette matière, est fréquente aux Etats-Unis et s'étend à des branches d'activité telles que l'égrenage du coton, les usines fabriquant la glace, les élévateurs à grains, etc. La Cour Suprême des Etats-Unis a reconnu que l'intervention de l'autorité en vue de réglementer l'exploitation des entreprises était légitime toutes les fois que celle-ci avait obtenu un privilège, et aussi toutes les fois que leur activité présentait un caractère marqué d'intérêt public. Un tel système présente des avantages certains. C'est une grande garantie pour les usagers que de pouvoir en appeler à l'autorité des actes d'une entreprise chargée d'un service public, Or, quand cette entreprise est une entreprise publique, cette garantie tend souvent à disparaître par suite d'une confusion des plus regrettables entre les actes d'autorité et les actes de gestion du pouvoir.

A ces diverses raisons de préférer la gestion privée à la gestion publique des entreprises ayant un caractère économique, s'en ajoutent d'autres, inspirées de cette constatation que les résultats commerciaux et financiers des entreprises publiques sont généralement peu satisfaisants ; mais, à ce point de vue encore, les comparaisons sont très difficiles, souvent impossibles.

Les entreprises publiques tiennent généralement une comptabilité conçue suivant les règles administratives, et ne font pas état d'éléments indispensables pour dégager les résultats réellement obtenus tels que charges financières, amortissement, déficit antérieur, etc... « La comptabilité de l'Etat, signale par exemple le Comité National Belge, considère comme boni revenant au Trésor l'excédent des recettes d'exploitation (des télégraphes et des téléphones) sur les dépenses courantes. Il n'est donc pratiqué ni amortissement, ni dépréciation. Les prix de revient calculés sont purement hypothétiques et nul ne pourrait dire si la gestion est bénéficiaire ou déficitaire... Les renseignements comptables tels qu'ils apparaissent dans les budgets sont à ce point fragmentaires et illusoires qu'on ne peut savoir si les versements faits au Trésor à titre de charges financières ou d'excédents de recettes, ne sont pas, dans la réalité, pour une partie du moins, un véritable prélèvement sur le patrimoine du réseau.» (1)

De telles méthodes comptables sont couramment adoptées par les entreprises publiques et ne sont pas sans avoir des répercussions étendues sur les conditions mêmes dans lesquelles elles assurent leur exploitation.

Par ailleurs, la comparaison est encore rendue malaisée par le fait que l'entreprise publique bénéficie souvent d'avantages plus ou moins déguisés ou, au contraire, supporte des charges dont le prix de revient n'est pas exactement chiffré.

Les avantages consentis à l'entreprise publique sont généralement d'ordre fiscal ; ils n'ont pas seulement pour conséquence de favoriser ces entreprises, par rapport aux entreprises privées similaires ou concurrentes, ils faussent en outre complètement les résultats qu'elles paraissent obtenir, car, pour se rendre compte des bénéfices exacts que leur gestion procure au budget de l'administration dont elles dépendent, il faudrait faire état des moins-values fiscales qui découlent des faveurs qui leur sont accordées ; or, très fréquemment, des excédents de recettes apparents se trouveraient, si l'on pratiquait ainsi, transformés en déficits.

Inversement, il arrive que l'entreprise publique supporte des charges dont la légitimité peut être incontestable, mais qui n'en prêtent pas moins à de graves abus, faute d'être exactement chiffrées. Il est certain que des charges de ce genre sont d'autant plus lourdes que le compte exact n'en est établi ni par le service qui les supporte, ni par les administrations qui en bénéficient. L'exemple de la franchise postale dont bénéficient les administrations publiques dans certains pays est caractéristique à ce point de vue.

Les comparaisons entre les résultats des deux catégories d'entreprises sont enfin rendues difficiles par le fait que, souvent, l'entreprise publique, là où elle exerce son activité, bénéficie d'un monopole légal ou de fait, de sorte qu'on ne peut comparer que des entreprises similaires et non des entreprises concurrentes. Or les conditions d'exploitation ne sont jamais tout à fait identiques. Il est, en particulier, à peu près impossible de faire des comparaisons internationales. Il est certes, sur le plan international, des faits extrêmement frappants ; c'est ainsi qu'il apparaît que la plupart des services télégraphiques d'Europe, lesquels sont exploités par l'Etat, sont déficitaires, alors que les sociétés privées qui en sont chargées aux Etats-Unis, font des bénéfices ; bien que les conditions soient très différentes d'un continent à l'autre, une telle constatation constitue une forte présomption en faveur de la supériorité de l'entreprise privée sur l'entreprise publique.

Dans certains cas, il est possible de rapprocher les résultats obtenus par des entreprises privées et par des entreprises publiques similaires, et il arrive que la comparaison soit en faveur de l'entreprise publique. Le

---

(1) Citations extraites de la Note à l'appui de l'Exposé des Motifs accompagnant le Projet de Loi créant la Régie des Télégraphes et des Téléphones, déposé par M. Maurice Lippens, Ministre des Chemins de Fer, Marine, Postes, Télégraphes, Téléphone et Aéronautique. (Documents parlementaires, Sénat, N° 198).

Comité National Suédois, par exemple, signale que les grandes usines à gaz municipales accusent, en dépit de tarifs très réduits, des résultats satisfaisants, alors que, des usines privées, trois seulement accusent des résultats à peu près satisfaisants et que les autres ont un rendement fort mauvais, en dépit de tarifs très élevés ; mais il est à remarquer que les petites usines municipales sont également dans une situation peu favorable. En fait, la supériorité des grandes usines municipales provient de l'importance de leur production, alors que les usines privées de faible dimension et disposant de débouchés réduits n'ont pu être tenues au courant des progrès techniques.

Il est beaucoup plus fréquent d'enregistrer dans les entreprises publiques des résultats inférieurs à ceux des entreprises privées similaires. En Suède même, une comparaison entre les résultats de deux compagnies de tramways et ceux de trois entreprises communales qui conduisent leur exploitation dans des conditions qui permettent ce rapprochement montre que, par rapport à la valeur des installations et du matériel, les entreprises communales ne donnent qu'un rendement de 0,89 %, alors que les compagnies privées obtiennent un rendement de 9,65 %. En Belgique, le service téléphonique, largement bénéficiaire, lorsqu'il était assuré par des entreprises privées, est devenu rapidement déficitaire quand il a été exploité par l'Etat.

Un autre exemple caractéristique est fourni par les usines à gaz britanniques. Il existe, en effet, dans l'industrie du gaz, des usines appartenant à des sociétés privées et des usines municipales dont les conditions d'exploitation sont sensiblement les mêmes. Les chiffres publiés sont, pour les deux catégories d'entreprises, établis sur des bases identiques et sont officiels.

Le Comité National Britannique a retenu vingt entreprises comptant parmi les plus importantes, à l'exclusion des usines de Londres et de sa banlieue, dont la situation est spéciale. Onze de ces entreprises sont municipales, neuf privées. Les chiffres obtenus sont les suivants :

	COMPAGNIES Privées		ENTREPRISES Municipales	
	1927	**1928**	**1927**	**1928**
Capital investi par " therm " vendu.	1ˢ8	1ˢ9	2ˢ4	2ˢ6
Produit net du gaz par " therm " vendu	7,775d	7,203d	8,878d	8,547d
Revenu total par " therm " vendu.	11,268d	10,25d	12,052d	11,01d
Dépenses (charbon et salaires) par " therm " vendu.	9,526d	8,69d	10,689d	8,37d
Gaz vendu par client en " therm "	172,11	165,89	164,49	154,65

Il est à remarquer que dans son dernier rapport *(Further Factors in Industrial and Commercial Efficiency)* le Comité Balfour a signalé que les entreprises municipales étaient avantagées du fait de la proximité des houillères ; cependant, leur prix de revient (charbon et salaires) a été en 1927 très supérieur à celui des entreprises privées. Il est vrai qu'en 1928 la situation s'est modifiée, les dépenses de ces deux chefs tombant de 10,689 à 8,37 pour les entreprises municipales, tandis qu'elles étaient ramenées de 9,526 à 8,69 dans les entreprises privées. Cependant les tarifs de celles-ci ont été abaissés plus sensiblement que ceux des entreprises municipales, lesquelles avaient subi des pertes importantes lors de la grève houillère, faute d'avoir pu s'adapter assez rapidement à la situation qu'elle avait créée. Ce manque de souplesse est d'ailleurs une caractéristique très générale de la gestion publique. En l'occurrence, il a eu de graves répercussions sur les bénéfices des entreprises municipales en 1927, et, si ceux-ci se sont relevés en 1928, le consommateur en a fait les frais. On notera aussi que, par rapport à la production, le capital des entreprises privées est moindre que celui des entreprises municipales.

Il est très rare, pour les raisons déjà indiquées, de disposer de chiffres permettant des comparaisons aussi précises. Mais nombreux sont les cas où le rendement économique des entreprises publiques est notoirement inférieur à celui des entreprises privées. La constatation en a été faite en particulier en Allemagne, à l'occasion des débats auxquels ont donné lieu, en 1919, les projets de socialisation. La cause de cette infériorité y est apparue comme étant inhérente à la nature même des entreprises publiques (hiérarchie du personnel dans un appareil administratif compliqué, défaut d'initiative, efforts compréhensibles des fonctionnaires pour éviter les responsabilités).

D'une façon générale, il est reconnu que l'outillage des entreprises publiques soutient souvent la comparaison avec celui des entreprises privées, et aussi que la valeur technique du personnel administratif n'est en rien inférieure à celle du personnel dont ces dernières disposent. « En ce qui concerne le développement technique, écrit par exemple le Comité National Suédois, l'Etat a pris une grande part aux progrès inouïs qui ont été réalisés dans le domaine de l'électricité, au cours des vingt dernières années. Un remarquable état-major d'ingénieurs a collaboré à l'élaboration de projets d'installations mécaniques que les ateliers de constructions électriques déclaraient d'abord irréalisables, mais qui n'en ont pas moins été exécutées avec d'excellents résultats. L'expérience acquise dans les usines de l'Etat... a été mise avec la plus grande complaisance à la disposition des entreprises privées et a contribué dans une large mesure au niveau élevé auquel sont parvenues et se maintiennent les usines hydro-électriques suédoises, tant publiques que privées. »

De telles constatations sont fréquentes. Et cependant, le rendement de l'entreprise publique n'est généralement pas satisfaisant, ni en ce qui concerne le personnel, ni en ce qui concerne le matériel. N'est-ce pas le fait d'une faiblesse congénitale de ce type d'entreprise ? « Quand il construit, lit-on dans le rapport du Comité National Français, l'Ingénieur d'Etat — quelles que soient ses capacités techniques — et elles sont le plus souvent éminentes — n'est poussé par rien ni personne à faire entrer en ligne de compte ni le prix de revient actuel, ni les conditions futures de l'exploitation. Son intérêt personnel le pousserait plutôt à rechercher uniquement, en dehors de toute considération de prix ou d'utilité, les combinaisons originales susceptibles de mettre en relief sa science théorique. Quand il exploite, le fonctionnaire se heurte, quels que soient son bon vouloir et sa compétence, aux formes rigides de la comptabilité publique, aux exigences de l'annualité budgétaire qui excluent tout programme à longue échéance et toute continuité dans l'action, aux règles d'une hiérarchie où l'ancienneté est la source principale des droits, aux obstacles que s'opposent les uns aux autres des services séparés par des cloisons étanches et des rivalités traditionnelles, au défaut d'autorité, enfin, sur une main-d'œuvre barricadée derrière des statuts intangibles et soutenue par de puissants appuis politiques. »

Que ces règles administratives soient un obstacle grave à la bonne gestion économique d'une entreprise, on ne le conteste plus guère aujourd'hui, et nous verrons qu'un peu partout on s'efforce de les assouplir et d'adopter, sans du reste y parvenir jamais tout à fait, les méthodes de la gestion privée.

La difficulté est, ici, de rompre avec des règles traditionnelles auxquelles le personnel est très attaché. L'Etat, payant souvent mal, a été obligé de consentir une série d'avantages pour compenser l'insuffisance des salaires et traitements. « Parmi ces avantages, écrit par exemple le rapport belge, la stabilité absolue de l'emploi est un des plus dangereux ; bien qu'elle ne soit garantie par aucun texte, elle existe en fait depuis si longtemps que les agents de l'Etat peuvent se considérer comme inamovibles. Cet avantage ne leur a pas suffi, ils sont parvenus à faire régler minutieusement les conditions de leur avancement, de manière à donner plus d'importance à l'ancienneté qu'au mérite et aux services rendus. Il en résulte que, prise dans son ensemble, l'administration se compose d'agents qui n'ont ni à craindre de perdre leur emploi, même en cas d'insuffisance notoire de travail ou de capacité, ni à témoigner d'initiative, puisqu'ils n'en retireront aucun avantage. C'est exactement le contraire qui se passe dans les entreprises privées où l'employé insuffisant risque d'être congédié, et où le producteur et le chef de service ont un intérêt direct à la prospérité de l'affaire à laquelle ils collaborent. » L'entreprise publique est souvent dans l'impossibilité de proportionner à son activité la main-d'œuvre qu'elle emploie, et il en résulte, en temps de crise, des charges si lourdes qu'au lendemain de la guerre elles ont compromis la situation des finances publiques elles-mêmes.

Les ingérences de la politique dans la gestion même des entreprises publiques ne sont pas moins préjudiciables à la bonne marche de ces entreprises. On s'est efforcé de les en libérer par diverses mesures sur lesquelles nous reviendrons, mais nous verrons à cette occasion qu'il est bien difficile d'y parvenir.

Un autre inconvénient de la gestion publique est que, fréquemment, elle tend à faire obstacle au progrès lorsqu'elle croit, à tort ou à raison, que ce progrès est susceptible de menacer son activité. C'est ainsi que le Comité National Belge signale le fait suivant dont il serait possible de citer de nombreux exemples :

« La Ville de Bruxelles avait une régie du gaz qui lui procurait de grosses ressources fiscales, quand les circonstances l'ont contrainte à installer une régie de l'électricité. Les tarifs ont été calculés de façon à faire de l'éclairage électrique un éclairage de luxe, afin de préserver les recettes fiscales du gaz. L'administration communale a ainsi entravé le développement normal du service de l'électricité et cela, non pour des raisons économiques, mais uniquement pour des fins fiscales. »

On conçoit qu'une gestion publique animée d'un tel esprit pourrait opposer aux progrès économiques un obstacle quasi infranchissable, si elle s'étendait à de nombreuses branches d'activité.

Il est du reste certain que si l'administration publique peut faire état de certaines réalisations industrielles «dont souvent, du reste, le coût est élevé et le rendement peu satisfaisant», elle est toujours un assez piètre commerçant. L'effort commercial suppose des initiatives souvent audacieuses, parfois risquées, incompatibles avec les nécessités mêmes de la gestion publique. Or, c'est cet effort qui, sachant créer le besoin nouveau, constitue un facteur décisif de progrès. Loin de provoquer la demande, l'entreprise publique la suit souvent péniblement.

Cette dernière observation se trouve confirmée par le fait que l'infériorité de l'entreprise publique apparaît nettement sur le terrain du commerce international.

On pourrait soutenir, il est vrai, que l'objet même de l'entreprise publique la détourne souvent de tout effort d'exportation en dehors du pays où elle exerce son activité ; elle se propose la satisfaction des besoins nationaux, ou plus souvent régionaux ou locaux, ou bien elle a des fins fiscales, ce pourquoi, bien entendu, son action s'arrête aux frontières nationales. Dans les deux cas, cependant, les bénéfices de l'exportation pourraient être importants. Ils sont le plus souvent négligés. On ne peut, en effet, qu'être frappé de constatations telles que celles-ci : la production d'énergie électrique est assurée en Suisse à concurrence de 61 % par des entreprises publiques, or celles-ci fournissent à peine 30 % de l'énergie exportée. Le monopole français des tabacs a exporté en 1927 pour 17 millions de francs, soit plutôt moins qu'en 1913 (4 millions de francs 1913), alors que de nombreux étrangers qui, au cours des quinze dernières années, ont séjourné en France, ont pris goût au tabac français. De même, l'établissement de certains monopoles commerciaux en Italie, à la fin de la guerre, a eu pour conséquence de réduire considérablement les exportations ou réexportations qui étaient effectuées précédemment par le commerce privé et qui ont repris dès que le monopole a été supprimé, pour le plus grand profit des ports et centres commerciaux intéressés. Ce n'est guère que lorsqu'elles bénéficient d'un véritable monopole international que les entreprises publiques parviennent à réaliser des exportations importantes.

Les résultats obtenus par les marines marchandes d'Etat sont, du reste, démonstratifs. Il s'agit là d'une industrie dont les conditions d'exploitation sont essentiellement internationales. La compétition y est largement ouverte et plus libre que dans la plupart des autres branches de l'activité économique. Or, on doit constater que les flottes marchandes d'Etat qui ont survécu à la période de guerre ont toutes eu, depuis 1920, une exploitation déficitaire, alors que les grandes compagnies de navigation pouvaient réaliser des bénéfices souvent importants. L'activité de l'United States Shipping Board, par exemple, s'est traduite, de Juillet 1920 à Juillet 1928, par une perte totale de 2.740 millions de dollars. L'exploitation de la flotte canadienne d'Etat s'est également traduite, chaque année, par des pertes sensibles. Les résultats de la flotte australienne n'ont pas été plus satisfaisants. Or, durant la même période, les grandes Compagnies transatlantiques privées assurant des services comparables à ceux des flottes d'Etat précédemment mentionnées, ont obtenu des résultats bénéficiaires. La grande souplesse avec laquelle ces Compagnies ne cessaient de s'adapter aux conditions changeantes de la conjoncture leur a permis de limiter au minimum les conséquences des difficultés qu'elles ont pu rencontrer, en dépit de la concurrence que leur faisaient parfois des lignes d'Etat exploitant sans se soucier des pertes subies dont les contribuables faisaient tous les frais. Dans ce domaine, particulièrement caractéristique, la supériorité de la gestion privée a pu être véritablement décisive.

4. — DE L'AMÉLIORATION DE LA GESTION PUBLIQUE PAR L'ADOPTION DES MÉTHODES ET PROCÉDÉS DE LA GESTION PRIVÉE

Confirmant les enseignements d'une longue expérience, l'enquête de la Chambre de Commerce Internationale a donc mis en lumière, une fois de plus, la supériorité des méthodes et procédés en usage dans les entreprises privées, sur la gestion administrative. Aussi bien cette supériorité n'est-elle guère contestée ; au cours des dernières années, en effet, on a assisté, dans la plupart des pays, à un vaste mouvement tendant à renouveler la gestion publique en l'*industrialisant*. Cette industrialisation des entreprises publiques se traduit essentiellement par une indépendance plus ou moins grande de ces entreprises à l'égard des pouvoirs publics, pour tout ce qui concerne la gestion économique. Diverses formules sont utilisées à cet effet.

La plus répandue et la plus simple est l'*autonomie budgétaire*. Ce n'est pas là une formule nouvelle. Dès avant la guerre, des entreprises publiques en avaient été dotées dans certains pays et avaient un budget propre, distinct du budget de l'administration dont elles dépendaient. Les exemples d'une telle organisation étaient toutefois assez peu nombreux. L'autonomie budgétaire des services ou entreprises publics faisait du reste l'objet de critiques doctrinales ; on lui reprochait de mettre en échec le principe de l'unité budgétaire et de favoriser de nombreux abus. A la vérité, il semble qu'une telle objection n'ait pas toute la force qu'on lui prête parfois, à la condition cependant que des règles précises soient adoptées lorsque l'autonomie est consentie, et que tout contrôle ne soit pas supprimé.

Au lendemain de la guerre, dans beaucoup de pays, les entreprises publiques ont eu des résultats très déficitaires, qui ont eu de graves répercussions sur la situation financière de l'Etat ou des administrations dont elles dépendaient. Aussi, lorsque des mesures sont intervenues pour assainir cette situation, s'est-on souvent préoccupé d'assurer l'équilibre financier de ces entreprises. Le budget autonome a été fréquemment adopté à cette occasion, afin que l'équilibre apparaisse clairement. En même temps, et tout naturellement, on s'est efforcé d'améliorer le rendement qui, au cours des années précédentes, avait été souvent fort peu satisfaisant ; d'où les dispositions légales et réglementaires en vue de " commercialiser " l'exploitation.

Une telle tendance s'est manifestée dans de très nombreux pays, et on en trouve des exemples en particulier en Allemagne, en France, en Belgique, en Suisse, en Pologne, en Italie, etc... C'est ainsi que de nombreux services publics italiens ont été organisés en entreprises autonomes, indépendantes de l'administration de l'Etat et gérées selon les méthodes commerciales. Tel a été le cas pour les chemins de fer, les postes et télégraphes, le téléphone, celui-ci étant même partiellement confié à des entreprises privées. Cette tendance est particulièrement caractéristique dans un pays où, comme le fait remarquer le Comité National Italien, le Gouvernement s'est proposé pour but immédiat la restauration de la puissance et de l'autorité suprême de l'Etat. Le Chef du Gouvernement a déclaré, à l'ouverture du deuxième Congrès de la Chambre de Commerce Internationale (Rome, 1923), qu'il était nécessaire de réduire l'activité économique de l'Etat et de donner libre cours à l'initiative privée. La récente " Charte du Travail " a affirmé de nouveau ce principe ; l'article VII est ainsi conçu : « L'Etat corporatif considère l'initiative privée dans le domaine de la production comme l'instrument le plus efficace et le plus utile à l'intérêt de la nation. »

Il est à noter que, tandis que la gestion des entreprises publiques s'orientait dans le sens qui vient d'être indiqué, des améliorations importantes étaient obtenues. De 1921 à 1928 l'effectif du personnel des chemins de fer a, par exemple, pu être ramené de 241.000 unités à 166.300, bien que le nombre des voyageurs transportés fût passé de 97.600.000 à 117.600.000 et le tonnage des marchandises de 41 millions à 63 millions de tonnes.

Il est certain que chaque fois qu'une entreprise publique a pu être dotée d'une certaine indépendance, des progrès réels ont été obtenus. Ces progrès, toutefois, sont restés généralement limités. Des indications intéressantes sont données à cet égard par le Comité National Français :

« La méthode de l'autonomie budgétaire a été adoptée, lors du vote du budget de 1923, pour la gestion des Postes, Télégraphes et Téléphones. Un budget annexe des P. T. T. a été créé. Ce budget est divisé en deux sections : l'une comprend les recettes et les dépenses d'exploitation ; la seconde comprend, en recettes, le produit des obligations amortissables émises par les services des P. T. T., des avances du Trésor et des fonds de concours, et, en dépenses, les crédits alloués par les lois de finances ou par des lois spéciales pour frais de premier établissement. Il est prévu, d'autre part, la constitution d'un fonds d'approvisionnement du matériel, d'un fonds d'amortissement et d'un fonds de réserve destiné à faire face aux déficits éventuels d'exploitation et aux dépenses résultant de la reconstitution d'outillages détruits ou condamnés avant l'amortissement complet.

« Quand on considère cette nouvelle organisation, on voit sans peine qu'elle n'apporte aucune modification à la structure des P.T.T. Avant l'autonomie, les P.T.T. étaient une administration ; ils restent une administration après l'autonomie. Sans doute, un Conseil a été créé pour assister le Ministre dans la gestion des P.T.T. Mais ce Conseil qui comprend, sous la présidence du Ministre, huit fonctionnaires, six représentants élus du personnel et « treize représentants des intérêts généraux de la nation », ne possède ni autorité, ni responsabilité. Le seul changement réel, c'est que l'Administration des P.T.T. a reçu le droit d'émettre des emprunts pour son propre compte. En vérité, on ne voit pas en quoi ces emprunts se distinguent des autres emprunts du Trésor. Pour emprunter sur son propre crédit, il faudrait que l'Administration des P.T.T. eût un crédit propre, qu'elle offrît aux prêteurs des garanties distinctes de la garantie de l'Etat. Quand l'Etat maître-Jacques emprunte sous la livrée du postier, il reste toujours l'Etat et le prêteur ne s'y trompe pas. En fait, d'ailleurs, l'Administration des P.T.T. a dû attendre jusqu'en 1928, c'est-à-dire jusqu'à la restauration complète des finances de l'Etat, pour pouvoir émettre un emprunt. »

On a voulu compléter la réforme par une organisation plus conforme aux exigences d'une bonne exploitation industrielle ; un projet, dont les modalités ne sont pas encore définitivement fixées, ferait des P.T.T. une administration à peu près indépendante et analogue aux *offices* dont il est question plus loin.

Les monopoles des tabacs et des poudres ont également été dotés en France de l'autonomie budgétaire.

Le monopole des tabacs a été réorganisé en 1926, lorsque ses recettes ont été dévolues à la Caisse autonome de gestion des Bons de la Défense Nationale et d'amortissement de la Dette Publique. Il est devenu, à cette occasion, « l'exploitation industrielle des tabacs », dotée de l'autonomie budgétaire et placée sous l'autorité du Conseil d'Administration de la Caisse et d'un Comité Technique assisté d'un Conseil Consultatif. Cependant, le monopole des tabacs reste sous la direction du Ministre des Finances. « Le Comité Technique, écrit le rapport français, où l'administration a d'ailleurs la prépondérance de fait, arrête bien les programmes d'achat et de fabrication, mais ses états de prévision des recettes et dépenses doivent être approuvés par le Ministre des Finances. C'est également le Ministre, et non plus le Parlement, qui fixe le prix des tabacs. Le Conseil d'Administration ne peut que lui faire des propositions sur ce point, ainsi que sur les conditions de culture, d'achat et de vente. On n'a donc supprimé l'autorité du Parlement sur le monopole que pour renforcer celle du Ministre et de son administration. Enfin, on a laissé subsister le système de culture et de vente au détail : le personnel reste fonctionnaire et ses conditions de recrutement et de travail restent soumises au Ministre. Peut-on parler, dans ces conditions, d'une véritable exploitation industrielle? »

Le monopole est tenu d'avoir une comptabilité commerciale, mais le premier bilan sera celui de l'exercice 1928 et n'a pas encore été publié. Par contre, le monopole des poudres, qui a la même obligation depuis le 29 avril 1926, a pu publier un bilan à la fin de 1926 ; ce bilan a fait l'objet des observations suivantes, dans un rapport fait au nom de la Commission des Finances de la Chambre des Députés, par M. André François PONCET, député :

« L'examen du bilan et du compte des profits et pertes du service des poudres, pour l'année 1926, témoigne de la sincérité de l'effort accompli.

« Les indications données en ce qui concerne l'évaluation du capital immobilisé sous forme de terrains, bâtiments, outillage, etc..., et sous forme de stocks ; la discrimination établie entre les installations destinées à l'activité normale et les installations réservées qui n'ont d'emploi qu'en période de crise ; l'analyse des valeurs réalisables et des comptes créanciers, sont des plus intéressantes et permettent de se faire une idée de la marche et de la physionomie de l'entreprise, à une date déterminée.

« Est-ce à dire que ce bilan au 31 décembre 1926 ne suggère aucune observation et n'offre prise à aucune critique?

« Nous n'oserions l'affirmer et la direction du service des poudres sait elle-même qu'elle n'a pas atteint la perfection,

« La balance du bilan comporte un solde bénéficiaire de 42 millions, en chiffres ronds. Mais il s'en faut de beaucoup qu'on "puisse considérer cette somme comme représentant un bénéfice réellement industriel." Le bilan présenté à la Commission des Finances fait abstraction, en effet, des charges, impôts, assurances, etc., que subirait une entreprise privée.

« Il ne tient pas compte non plus des frais de patente qu'aurait à payer une industrie travaillant au titre de fournisseur des administrations publiques.

« Ces frais, que la comptabilité du service des poudres appelle « des frais d'ordre », s'ils sont bien incorporés dans le calcul des prix de cession doivent, puisqu'ils ne ressortent pas au bilan, être déduits du bénéfice indiqué, bénéfice réel, mais non rigoureusement industriel. Comme ils sont de l'ordre de grandeur de 33 millions, le bénéfice indiqué au bilan se trouverait réduit à 9 millions. Pour un capital engagé qui se monte, sous déduction des installations réservées, à environ 250 millions (fonds de roulement compris), on voit que le service des poudres travaille à un taux de rémunération très modeste et sensiblement inférieur au taux d'intérêt de l'argent à l'heure actuelle...

« Nous sommes persuadés que la direction du service des poudres s'attachera à serrer de plus près encore la réalité industrielle. Nous avons constaté, par les réponses qui ont été fournies avec empressement aux nombreuses questions posées par nous, au cours de notre enquête, qu'elle se mouvait à l'aise sur ce terrain et que les problèmes de la gestion industrielle lui étaient devenus familiers.

« Dès maintenant, elle est arrivée, par ses méthodes d'étude des prix de revient, à modifier profondément et heureusement la plupart des usages antérieurs. Elle fixe et révise ses prix tous les trois mois ; elle établit des factures mensuelles à l'adresse des services consommateurs ; elle exige le remboursement trimestriel de la valeur des livraisons opérées...

« Il faut enfin noter que si le service des poudres jouit d'avantages qu'ignore l'industrie privée, il est, en revanche, astreint à des obligations auxquelles celle-ci échappe.

« Il n'est pas maître d'embaucher ou de débaucher à sa guise le personnel ouvrier. La comptabilité industrielle qu'il tient doit cadrer avec la comptabilité administrative, qui n'a pas cessé d'être en vigueur. Or, l'une est une comptabilité de gestion annuelle, l'autre une comptabilité par exercice.

« Après l'arrêté annuel des écritures, interviennent souvent, à plusieurs mois de distance, des rappels de soldes et de salaires qui bouleversent rétrospectivement les écritures. »

Il apparaît donc qu'à bien des égards le monopole des poudres n'a pas pu se libérer des servitudes administratives. En réalité, comme l'écrit le rapport français, « l'autonomie budgétaire, même complétée par un certain nombre de mesures tendant à appliquer certaines méthodes de la gestion privée, ne représente qu'un compromis entre la formule administrative et l'industrialisation rêvée. »

On trouve également dans d'autres pays des services ou entreprises publics dotés d'une certaine indépendance, mais qui n'en gardent pas moins le caractère d'une administration. C'est le cas, par exemple, des chemins de fer fédéraux suisses qui constituent bien, aux termes de la loi du 1er Février 1923, une organisation indépendante, mais dont le budget est toujours voté par le Parlement, lequel fixe les tarifs et les salaires. Le Comité National Suisse écrit à ce sujet :

« Sans doute l'article premier de la loi de 1923 s'exprime-t-il fort heureusement en déclarant que les C.F.F. doivent être exploités et administrés « d'après des principes commerciaux ». La séparation entre l'organisation des C.F.F. et l'administration fédérale ne peut que favoriser ce but ; néanmoins, il faut constater un point faible dans le fait que le Parlement, en tant qu'autorité politique, a seul le droit, d'une part, de légiférer sur les tarifs et de fixer ainsi les recettes d'exploitation, et d'autre part, de fixer les salaires. La fixation des salaires du personnel des C.F.F. par le Parlement est une affaire délicate, car on court le danger que le montant des salaires ne soit pas fixé uniquement selon des principes objectifs et, en particulier, selon la capacité économique de l'entreprise. Si l'on songe qu'en 1927 les salaires des C.F.F. formaient à eux seuls les 81 % des dépenses totales et qu'ils absorbaient les 55 % des recettes totales, on peut se rendre compte sans autre du rôle que la politique des salaires joue dans la stabilité financière de l'exploitation. Une administration qui ne voudrait agir véritablement que selon des principes commerciaux devrait avoir les possibilité de fixer, d'une part, les principales dépenses, c'est à-dire le salaires, et, d'autre part, le niveau des tarifs, ou pour le moins, d'exercer une influence décisive sur leur fixation. Ce moyen fait défaut à l'administration des C.F.F., et il est juste de tenir compte de cette circonstance en jugeant les résultats financiers. Il y a dans ce fait un des désavantages inhérents à toute exploitation étatisée. »

C'est pour éviter de tels inconvénients que l'on a été plus loin dans la voie de l'autonomie en confiant la gestion du service ou de l'entreprise à une administration presque complètement indépendante des pouvoirs publics et dont le type paraît être l'Office d'Etat adopté dans certains cas en France.

Cette formule a été appliquée dans ce pays pour l'exploitation à Toulouse d'une usine fabriquant l'ammoniaque synthétique. Voici comment est organisé, d'après le rapport du Comité National Français, l'Office National de l'Azote :

« Cet Office est un établissement public, placé sous l'autorité du Ministre des Finances, possédant la personnalité civile et l'autonomie financière. Il a pour objet la fabrication et la vente des engrais et produits azotés et des composés se rattachant directement à cette fabrication. Il a reçu de l'Etat, en vue de son exploitation, la partie de la Poudrerie Nationale de Toulouse susceptible d'être utilisée pour l'exécution de la Convention du 11 Novembre 1919 avec la Badische Anilin.

« L'Office est administré par un Conseil d'Administration composé de seize membres nommés par décret et choisis respectivement : trois, au titre de représentants du Ministre de l'Agriculture, trois, au titre de représantants du Ministre de la Guerre, trois, parmi les Associations agricoles, deux, dans les Chambres de commerce, deux, parmi les spécialistes des questions de fixation de l'azote. Le Directeur général de l'Office et le Caissier général sont également nommés par décret, sur la proposition du Conseil d'Administration.

« Le Conseil d'Administration dresse le budget annuel de l'Office et le soumet au Ministre des Finances qui l'approuve et le communique aux commissions financières des deux Chambres. Une commission de contrôle financier, nommée par le Ministre des Finances, assume une mission analogue à celle de certains conseils de surveillance dans l'industrie privée, ou plutôt des commissaires des comptes dans les sociétés anonymes. »

Les résultats de l'Office ont été jusqu'ici assez décevants. Les dépenses de premier établissement ont nettement dépassé les prévisions. Les quantités produites sont restées peu importantes et les prix de revient ont été, d'après les déclarations du Ministre des Travaux Publics, supérieurs à ceux de l'industrie privée. L'expérience semble montrer que si, à bien des égards, la formule de l'Office peut mettre les entreprises publiques en meilleure situation que lorsqu'elles sont soumises aux règles administratives, elle ne supprime pas les causes profondes qui en affectent défavorablement le rendement.

Mais on est allé plus loin encore en rompant, en théorie du moins, tout lien entre la hiérarchie administrative et l'entreprise publique, la gestion de celle-ci étant confiée à une société de forme commerciale dont, il est vrai, les pouvoirs publics restent le seul, «ou, tout au moins, le principal actionnaire ».

Cette formule a été appliquée en Belgique, en 1926, aux Chemins de Fer de l'Etat.

Voici, d'après le rapport du Comité National Belge, comment est organisée la *Société Nationale des Chemins de Fer Belges*.

« La Société Nationale des Chemins de Fer Belges a été instituée par la loi du 23 Juillet 1926, ses statuts ont été fixés par l'arrêté royal du 7 Août 1926.

« L'Etat fait apport à la Société du droit d'exploiter le réseau pendant soixante quinze ans.

« Le capital social est fixé à 11 milliards de francs représenté par 10 millions d'actions ordinaires nominatives et inaliénables de 100 francs, et par 20 millions d'actions privilégiées au porteur, de 500 francs ; ces actions sont remises à l'Etat qui conserve les actions ordinaires et se réserve le droit d'émettre les actions privilégiées par l'intermédiaire du fonds d'amortissement qui en utilise le produit.

« A l'Assemblée Générale, il est attribué une voix à chaque action ordinaire et une voix à chaque groupe de dix actions privilégiées. L'Etat se trouve donc disposer en permanence de 10 millions de voix sur 12 millions ; il reste le maître de l'Assemblée.

« Le Conseil d'Administration se compose de vingt-et-un membres, dont dix-huit sont nommés par le Roi et trois par le personnel. Le Ministre des Chemins de Fer a le droit d'assister aux séances avec voix délibérative.

« Le Collège des commissaires comporte six membres nommés, moitié par la Chambre des représentants et moitié par le Sénat.

« Les actions privilégiées ont droit à un dividende fixe, déterminé par le Gouvernement lors de chaque émission. Ce dividende est à charge de l'Etat, de même que l'amortissement, ce qui est normal, puisque le produit du placement des titres lui appartient. Une première tranche de 5 milliards de francs d'actions privilégiées a été émise au dividende fixe de 6 %.

« Les bénéfices nets de la Société Nationale sont attribués par moitié aux actions ordinaires et aux actions privilégiées, l'Etat ayant droit à la part qui reviendrait aux actions privilégiées non émises.

« Les coupons des actions de la Société Nationale sont affranchis de tout impôt présent ou futur, y compris la supertaxe sur le revenu global.

« Des Commissions paritaires nationale et régionales sont appelées à collaborer à l'étude de toutes les questions relatives au personnel.

« Les tarifs sont réglés par le Conseil d'Administration, mais le Gouvernement a le droit d'en exiger l'abaissement ou d'en interdire le relèvement.

« Les aliénations de biens dépassant un million de francs, les contrats d'adjudication dépassant dix années, ou dont l'importance atteint un million de francs, les marchés de gré à gré dont l'importance atteint 500.000 francs doivent être approuvés par le Ministre des Chemins de Fer.

« Aucune extension du réseau ne peut être entreprise et aucun emprunt ne peut être contracté par la Société Nationale, si elle n'y est autorisée par une loi.

« A l'expiration de sa concession, la Société Nationale devra restituer le réseau, les immeubles, le matériel et les approvisionnements dans un état tel qu'ils puissent assurer l'exploitation normale ; entretien, réparations, renouvellements sont à sa charge.

« Il est institué un fonds de renouvellement des installations et du matériel, ainsi qu'un fonds de réserve.

« Cinq pour cent des bénéfices distribuables sont alloués à la direction et au personnel. »

Telles sont les dispositions essentielles de la loi du 23 Juillet 1926 et des statuts de la Société Nationale. On voit que l'influence de l'Etat est restée prépondérante. Et cependant, les résultats obtenus par la Société Nationale ont été, dès l'exercice 1927, en amélioration très sensible sur ceux qu'obtenait précédemment l'Etat. Le Comité National Belge a donné à cet égard les renseignements suivants :

« La gestion de la Société Nationale a pris cours le 1er Septembre 1926 ; le premier exercice social, clôturé le 31 Décembre 1927, comporte donc seize mois d'exploitation.

« Pour comparer utilement les deux modes de gestion : *publique* (celle de l'Etat belge), *privée* (celle de la Société Nationale), il a donc fallu :

1º Prendre pour base, d'une part, l'exercice 1925, dernière année de gestion d'Etat intégrale, et, d'autre part, l'exercice 1927, première année entière de la gestion de la Société Nationale ;

2º Avoir soin de faire porter la comparaison sur des francs d'égale valeur, en convertissant les francs non stabilisés de 1925 (1 dollar = Frs : 21,065) en francs stabilisés de 1927 (1 dollar = Frs : 35,895).

« Sous ces réserves, tous les chiffres cités sont extraits de documents officiels.

« Compte tenu des charges financières de l'Etat, aux fins d'assurer le service des emprunts contractés pour le chemin de fer (201 millions de francs annuellement), et de celles de la Société Nationale (charges financières proprement dites et dotation du fonds de renouvellement, soit en tout, 305 millions de francs), et compte tenu, d'autre part, de la conversion des francs non stabilisés de 1925 en francs stabilisés de 1927, les résultats financiers réels s'établissent comme suit :

Gestion publique de l'année 1925 (Etat Belge) : déficit : 118 *millions*.

Gestion privée de l'année 1927 (Soc. Nation.) : bénéfice 367 *millions*.

« L'écart est donc de 485 millions ; il correspond à 17 % des recettes totales d'exploitation.

« L'Etat, qui a besoin de 201 millions de francs pour le service annuel des emprunts dont le produit a été affecté au chemin de fer et qui, en 1925, n'avait obtenu que 69 millions, a reçu, en 1927, comme actionnaire de la Société, 405 millions de francs.

« La comparaison de l'exercice 1927 à l'exercice 1925 montre que l'excédent net de l'exploitation par kilomètre s'est accru de 82,5 %

« Ces résultats ont été acquis par :

1º Une réduction du personnel (104.922 hommes-mois en 1927, contre 113.240 hommes-mois en 1925) ;

2º Une meilleure utilisation du matériel roulant et des services des voies, de la traction, de l'approvisionnement, de l'entretien, des réparations et de l'exploitation ;

3º Les intérêts produits par les disponibilités de trésorerie (24 millions).

« Par contre, la Société Nationale a eu à faire face, par ses propres moyens, aux dépenses suivantes, dont l'Etat n'avait jamais assumé la charge sur son budget ordinaire :

1º Immobilisations nouvelles .... 117 millions
2º Dotation du fonds de renouvellement 302   —
3º Dotation du fonds de réserve pour malis éventuels... 95   —

« La situation du personnel a été améliorée :

1º Le salaire moyen par agent en 1927 : 158,5 % de celui de 1925, alors que l'index-number général du Royaume en 1927 représente 152 % de celui de 1925 ;

2º Le salaire moyen d'un agent en 1927 est égal à 8,49 fois celui d'un agent en 1913, alors que l'index des prix de détail en 1927 était à 8,12 ;

3º En 1928, le même salaire moyen est égal à 9,1 fois celui de 1913, alors que l'index des prix de détail est à 8,52 ;

4º Le pourcentage des charges sociales, par rapport aux dépenses de personnel, est passé de 5,1 (gestion publique), à 16,5 (gestion privée).

« Il convient de remarquer que ces résultats, qui transforment radicalement la gestion des chemins de fer, ne sont pas l'œuvre d'un personnel nouveau, mais bien de l'ancien personnel de l'Etat passé au service de la Société Nationale.

« Or, tout ce qu'une exploitation peut tirer d'avantages d'une comptabilité industriellement organisée, l'Etat l'avait déjà obtenu dans les années qui avaient immédiatement précédé la cession.

« On peut donc conclure avec certitude que les résultats favorables obtenus, résultats que l'exploitation en 1928 a encore améliorés, sont dus essentiellement à des facteurs qui tiennent au caractère privé de la nouvelle gestion. »

Des résultats importants ont donc, ici, été obtenus. C'est que, semble-t-il, la Société Nationale, en dépit de ses attaches avec l'Etat, a pu, en la circonstance, s'inspirer de considérations économiques, adopter les méthodes de la gestion privée et s'affranchir des influences politiques.

On trouve assez fréquemment des entreprises publiques, organisées sous forme de sociétés anonymes, dont toutes les actions sont détenues par les administrations dont elles dépendent ; il en existe d'assez nombreux exemples, en particulier en Allemagne. On peut citer notamment, dans le domaine de l'électricité, la *Preussischen Élektrizitats A. G.* dont les actions sont la propriété de l'Etat prussien, la *Badische Landeselektrizitats-Versorgung A. G.* dont les actions sont la propriété de l'Etat badois, l'*Elektrowerke A. G.* dont le Reich détient les actions. Les principales entreprises industrielles du Reich ont été fusionnées en 1923 pour former les *Vereinigte Industrieunternehmungen A. G.* (*Viag*) dont le capital (120.000.000 R/m) est entièrement entre les mains du Reich. La *Viag* détient toutes les actions de la *Reichskreditgesellschaft*, qui a repris la suite du service qui avait été créé, au Ministère du Trésor, pour financer les entreprises créées par l'Etat durant la guerre, en vue d'assurer le ravitaillement en matières premières. De même, les mines des Etats allemands sont exploitées par des sociétés analogues.

Il est à noter qu'en dépit de cette organisation sous forme de sociétés commerciales, les entreprises publiques allemandes continuent souvent à bénéficier d'avantages fiscaux et autres qui ne sont pas sans provoquer les protestations des entreprises privées similaires. Afin de maintenir ces privilèges, on a introduit dans la législation fiscale, en 1925, la notion « d'entreprises d'approvisionnement » *(Versorgungsbetriebe)*, exploitations et services des collectivités de droit public et exploitations et services dotés de l'autonomie juridique qui satisfont les besoins essentiels de la population, laquelle ne peut que s'adresser à eux.

« Il ne fait pas de doute, écrit à ce sujet le rapport allemand, que les exemptions d'impôts dont bénéficient les entreprises publiques leur permettent de réaliser de très sensibles économies ; des calculs d'experts ont révélé qu'il est vraisemblable que les consommateurs n'ont pas bénéficié d'une réduction en rapport avec l'importance des dispenses fiscales » ; le rapport allemand insiste sur la nécessité d'une égalité de traitement en matière fiscale, entre les entreprises publiques et les entreprises privées, ainsi que de la séparation complète entre les actes d'autorité des pouvoirs publics et leurs gestions économiques. (1).

A la société dont le capital est entièrement entre les mains de l'administration, on préfère souvent une société d'un type mixte dont le capital serait fourni à la fois par des particuliers et par les pouvoirs publics, mais où, cependant, ceux-ci conserveraient une influence prépondérante.

Dans certains milieux, cette formule a été considérée comme susceptible d'assurer la conciliation entre les avantages de l'économie privée et les conceptions étatistes. Elle a été adoptée en France, mais non réalisée jusqu'à présent, en vue de l'aménagement du Rhône ; aux termes de la loi du 27 Mai 1921, une ou plusieurs sociétés devaient être constituées dont le capital-actions serait couvert par les collectivités ou établissements publics intéressés (départements, grandes villes, chambres de commerce, compagnies de chemins de fer, sociétés industrielles, syndicats agricoles, etc.), les industries régionales ou les particuliers. L'Etat garantirait

---

(1) Il convient de rappeler à ce propos la recommandation de la Conférence Economique Internationale de 1927 dont nous reproduisons ci-dessous le texte :

La Conférence s'est préoccupée du fait que certains gouvernements participant à la direction et au contrôle d'entreprises commerciales, industrielles, bancaires, de transports maritimes ou autres, ont parfois revendiqué, en s'appuyant sur leur souveraineté, divers privilèges, immunités ou autres avantages au profit de ces entreprises, et les ont même obtenus en vertu des règles de courtoisie internationale.

Constatant que ces avantages ont donné aux entreprises qui en bénéficient une situation injustement favorisée par rapport aux entreprises privées similaires, la Conférence déclare que lesdits avantages constituent une atteinte à la libre concurrence en créant une discrimination entre des exploitations opérant côte à côte.

En conséquence, la Conférence recommande :

Que lorsqu'un Gouvernement dirige ou contrôle une entreprise industrielle,commerciale, bancaire, de transports maritimes ou autre, il ne soit pas, à ce titre, et en tant que participant à des entreprises de ce genre, traité comme s'il était fondé à bénéficier de droits souverains, de privilèges ou d'immunités fiscales, ou d'une exemption des obligations auxquelles sont assujetties les entreprises similaires de caractère privé, étant nettement entendu que cette recommandation ne s'applique qu'aux entreprises commerciales ordinaires, en temps de paix

l'intérêt et l'amortissement du capital-obligations dans des conditions déterminées ; il participerait, en revanche, dans une certaine mesure, aux bénéfices et aussi à l'administration. En effet, les 2/3 des membres du Conseil d'Administration devraient être des représentants de l'Etat, des départements et des communes. Le Président du Conseil d'Administration serait désigné par l'Etat, parmi ses représentants. La Société du Rhône ne s'est jamais constituée, non plus que les sociétés qui avaient été envisagées pour l'exploitation des potasses d'Alsace et la fabrication de l'azote à Toulouse. Une formule analogue a été envisagée pour les entreprises municipales. Le décret du 28 Décembre 1926 a prévu que des communes pourraient, soit acquérir des actions des sociétés chargées d'exploiter des services communaux, soit recevoir des actions d'apport ou parts de fondateurs émises par ces sociétés ; le même décret stipule que la part de la commune ne pourra, en aucun cas, dépasser 40 % du capital social et que la commune sera statutairement représentée au Conseil d'Administration.

Que valent toutes ces formules ? Elles ont certainement des mérites, et on ne peut que souhaiter les voir appliquer aux entreprises publiques existantes. Leur adoption a généralement permis d'assurer l'exploitation dans de meilleures conditions et d'améliorer le rendement économique et financier. Le problème du contrôle ne laisse pas toutefois d'être assez délicat. A cet égard, la collaboration des capitaux privés et des hommes d'affaires peut donner d'utiles résultats. Est-ce à dire, toutefois, que les progrès réalisés aient été tels que les résultats des entreprises publiques ainsi organisées puissent se comparer favorablement, à tous points de vue, avec ceux des entreprises privées ? Il ne le semble pas. En réalité, les conditions d'une véritable exploitation industrielle et commerciale se trouvent rarement réalisées, et bien des facteurs, qui sont à l'origine de l'infériorité de la gestion publique, ne peuvent jamais être complètement éliminés.

5. — LES ENTREPRISES PRIVÉES

ET LE PROGRÈS ÉCONOMIQUE

Une telle constatation ne saurait surprendre. Quoiqu'on puisse faire, en effet, pour améliorer la gestion publique, la gestion privée lui restera toujours supérieure, au double point de vue de l'initiative et de la responsabilité.

Il est certain que d'heureuses initiatives sont souvent le fait d'entreprises publiques, en matière de technique industrielle notamment. On en trouverait plus rarement des exemples en matière commerciale, et l'on comprend aisément pourquoi. Les hauts fonctionnaires qui dirigent les entreprises publiques ont certes assez de conscience professionnelle pour mettre toute leur activité au service des intérêts qui leur sont confiés. Mais cette activité est toujours bridée par une certaine rigidité, inhérente à la gestion publique, qu'on peut atténuer, qu'on ne peut espérer supprimer. Entreprendre une fabrication entièrement nouvelle qui exige une modification radicale de l'outillage, un lancement coûteux par une publicité intense, voilà par exemple une initiative que les dirigeants d'une entreprise publique hésiteront toujours à prendre, en raison des risques qu'elle comporte. Or le progrès économique n'est assuré que grâce à de telles initiatives, souvent audacieuses, mais qui, pour l'entreprise privée, ont leur récompense. La poursuite incessante des combinaisons les plus économiques, la recherche constante de produits appréciés de la clientèle, le labeur acharné développant toujours la capacité de production, tout ceci est, pour l'entreprise privée, question de vie ou de mort. Il est fatal que l'entreprise publique, toujours plus ou moins ligotée par des réglementations inspirées de considérations extra-économiques ou des nécessités du contrôle administratif, ne puisse jamais avoir la même vigueur, le même esprit de progrès, la même vigilance.

Nous venons de parler de contrôle. Pour les entreprises privées, ce contrôle est automatique. Le technicien le plus éminent, le financier le plus averti se trompe. Dans l'entreprise publique, l'erreur se perpétue aisément ; les consommateurs, les contribuables en pâtissent, avant qu'on ne la décèle et la redresse. Dans l'entreprise privée, l'erreur comporte rapidement une sanction et une sanction grave, puisqu'elle peut aller jusqu'à la faillite. En 1928, aux Etats-Unis, où la prospérité était plus grande que jamais, on a compté 28.000 faillites. Gaspillage de forces ? Dans une certaine mesure, peut-être. Mais, avant tout, assainissement constant au service du progrès. Il est essentiel que l'entreprise économique s'adapte sans cesse aux conditions mouvantes de la conjoncture. Faute de le faire, l'entreprise privée disparaît. L'entreprise publique subsiste, mais c'est souvent au détriment des intérêts généraux de la collectivité.

Il n'est donc que des considérations extra-économiques qui peuvent justifier la gestion publique. Il est, certes, un domaine politique où ces considérations sont dominantes. L'enquête de la Chambre de Commerce Internationale n'avait point à l'évoquer. Mais partout où, à côté de considérations politiques, fiscales, sociales, les considérations économiques ne peuvent être négligées, l'entreprise privée présente une supériorité incontestable sur l'entreprise publique.

Les considérations fiscales devraient, du reste, avoir le plus souvent peu de poids. L'expérience montre, en effet, que, souvent, les revenus que procure à l'administration l'entreprise publique — quand elle n'exploite pas à perte — sont inférieurs aux moins-values fiscales qui découlent des avantages qui lui sont consentis. Les monopoles fiscaux eux-mêmes qui, sans doute, assurent à l'Etat des produits importants, rapportent souvent moins que ne le ferait un impôt sur le produit démonopolisé et rendu au commerce privé. Les évènements des dernières années ont en outre montré qu'il pouvait y avoir de graves inconvénients à solidariser les finances publiques avec le sort d'entreprises économiques. Et nous avons vu que, pour assainir ces finances, on avait dû, souvent, supprimer des liens trop étroits. Les entreprises elles-mêmes en ont du reste souffert. A certaines époques, la diminution de la capacité d'emprunt de l'Etat a privé les grandes régies des capitaux qui leur eussent été indispensables pour satisfaire aux besoins croissants de la clientèle.

Restent les considérations politiques et sociales parfois invoquées pour justifier l'exploitation par l'autorité publique d'entreprises économiques. Il appartient, certes, aux pouvoirs publics d'exercer un contrôle, toutes les fois que sont en cause les intérêts généraux qu'ils ont mission de sauvegarder. Mais ce contrôle est assurément plus effectif quand l'autorité qui l'exerce ne se confond pas avec celle qu'il s'agit de contrôler, et il est d'autant plus aisé, lorsqu'il s'agit d'entreprises privées, qu'il vient en quelque sorte se superposer à celui qui résulte naturellement du jeu même des facteurs économiques.

L'opinion publique exerce du reste, elle aussi, un contrôle qui se fait de plus en plus efficace. En vérité, la réussite dans les affaires n'appartient qu'à ceux qui savent se mettre au service des consommateurs. Et plus l'entreprise se développe, plus son chef prend nécessairement conscience de ce fait, comme il prend nécessairement conscience de ses responsabilités envers son personnel et envers la société. Les intérêts des chefs d'entreprise ne peuvent se désolidariser de l'intérêt général. Proclamer la supériorité économique de la gestion privée n'est pas méconnaître l'intérêt public, c'est en réalité le servir.

www.ingramcontent.com/pod-product-compliance
Lightning Source LLC
LaVergne TN
LVHW020634180726
843502LV00006B/2028